Ursula Koszudowski

Aus Wut mach Mut!

Vom Umgang mit einem starken Gefühl

johannis

Die »Reihe von Frauen für Frauen«
wird herausgegeben von Barbara Jakob

Bildnachweis:
Umschlag: V. E. Janicke
Innenteil: S. 4: E. Hennig; S. 13: V. E. Janicke; S.25: G. Weissing, S. 45: J. Vogt; S. 57. V. Rauch

Bibliografische Information Der Deutschen Bibliothek
Die Deutsche Bibliothek verzeichnet diese Publikation in der Deutschen Nationalbibliografie; detaillierte bibliografische Daten sind im Internet über http://dnb.ddb.de abrufbar.

ISBN 3-501-07125-6
Johannis-Geschenktaschenbücher
Die Reihe von Frauen für Frauen 07125
2. Auflage 2006

Umschlaggestaltung: Friedbert Baumann
Gesamtherstellung: St.-Johannis-Druckerei, Lahr/Schwarzwald
Printed in Germany 16321/2006

www.johannis-verlag.de

Inhalt

Wut – ein starkes Gefühl

Es gibt wenig Gefühle, die uns so beunruhigen wie Ärger, Wut und Zorn. Diese Gefühle scheinen stark und übermächtig zu sein. Wir haben oft den Eindruck, sie nicht kontrollieren zu können, ihnen ohnmächtig ausgeliefert zu sein. Sie kommen scheinbar über uns, ohne dass wir eine Chance hätten, uns gegen sie zu wehren.

Gleichzeitig können sie eine Fülle anderer Gefühle wie Ohnmacht, Angst oder Scham in uns auslösen. Wir spüren dann ganz widersprüchliche Impulse in uns: Wir wollen aus der Situation weglaufen oder draufschlagen und zerstören.

Wut kann bis zum Kontrollverlust führen. Wir alle kennen Beispiele von Raserei und blinder Zerstörungswut. Wut setzt Kräfte frei, die unser Leben völlig durcheinander bringen können.

Wut fordert uns heraus. Sie zeigt uns, dass etwas in Unordnung ist – entweder bei uns selbst oder in unseren Beziehungen. Sie zwingt uns zu reagieren.

Je nach Persönlichkeitstyp oder Erziehung haben wir uns ganz unterschiedliche Strategien zum Umgang mit der Wut angeeignet: Wir unterdrücken sie, wir verleugnen sie, wir lassen sie heraus, wir explodieren, wir reagieren uns ab, wir verstecken sie, wir rächen uns oder wir üben Druck aus. Manchmal schaffen wir uns Machtpositionen, um uns und andere besser kontrollieren zu können.

Leider sind viele dieser Strategien wenig hilfreich. Oft werden Probleme, die wir lösen könnten, durch falsche Wutstrategien verdeckt. Manche Probleme werden durch unsere erlernten Strategien nur größer, und oft sind wir so damit beschäftigt, unsere Wut zu verdrängen, dass wir nicht erkennen, welche Chancen hinter der Wut stecken.

Für uns Frauen ist es oft schwer, uns aus überlieferten Vorstellungen von Weiblichkeit zu lösen. Frauen sollen sanft, nachgiebig, verzeihend und aufopfernd sein. Dieses Klischee ist auch heute noch weit verbreitet. Frauen, die ihre Wut zeigen, werden mit wenig schmeichelhaften Attributen belegt: »Zimtzicke«, »Furie«, »Drache«, »Giftspritze« sind nur ein kleiner Teil des Repertoires, das »frau« dann zu hören bekommt. Ich habe bis heute keine vergleichbaren negativen Begriffe für einen wütenden Mann gefunden!

Dürfen wir Frauen nicht wütend sein? Haben wir kein Recht darauf, unseren Ärger zu äußern? Macht die Wut der Frauen den Männern vielleicht Angst? Diese Fragen müssen wir uns stellen.

Wut ist ein zutiefst menschliches Gefühl, das jeder kennt. Sie kommt bei Männern und Frauen vor. Wut ist aber auch ein wichtiges Gefühl, denn Wut will uns lehren, mutig zu werden und uns selbst und unsere Bedürfnisse zu entdecken.

Strategien im Umgang mit der Wut

Erste Strategie: Die Wut unterdrücken und verstecken

Wir verstecken unsere Wut und unseren Ärger hinter einem freundlichen Gesicht und einem netten Umgangston, nach dem Motto: »Wie es drinnen aussieht, geht niemanden etwas an.« Wir bleiben mit unserer Wut allein und sie wird größer und staut sich auf. Aber je mehr sie wächst, umso gelassener tun wir oft nach außen. In uns gärt ein Pulverfass voll unterdrückter Gefühle. Sie wollen heraus, aber wir stellen uns mit aller Kraft dagegen, bis ... ja, bis es nicht mehr geht, und plötzlich gibt es den berühmten »großen Knall« und wir lassen Dampf ab. Wir explodieren förmlich und ähneln dann manchmal wirklich den losgelassenen Furien.

Danach tritt meist eine unbehagliche Stille ein wie nach einem verheerenden Unwetter. Oft folgen Schuldgefühle und Selbstzweifel. Und wie gehts weiter? Wir nehmen uns vor, uns das nächste Mal besser zu beherrschen. So beginnen wir mit dem alten Verhalten von vorn: Wir unterdrücken die Wut, sie wird größer, sie staut sich auf, bis es zur Explosion kommt usw.

Oft kennen wir diese destruktiven Verhaltensmuster ganz genau, ohne zu wissen, wie wir aus diesem Kreislauf aussteigen können. Wirkliche Veränderung kann und wird so nicht stattfinden und unzählige Energien verpuffen sinnlos. Unser Leben hat nicht einen einzigen neuen Impuls erhalten. Frust macht sich breit.

Zweite Strategie: Die Wut verleugnen und nicht wahrnehmen

Obwohl viele Frauen ihre Gefühle von Ärger und Wut in ihrem Inneren sammeln, ist es nicht bei jeder so, dass sie eines Tages explodiert, wenn der innere Druck zu groß wird.

Nein, es gibt Frauen, die weiterhin nett und still und höflich bleiben. Sie nehmen ihre eigenen Gefühle nicht mehr wahr, weil sie Weltmeisterinnen im Verdrängen geworden sind.

Wir sehnen uns nach einer heilen Welt und vollkommener Harmonie. Da hat Streit keinen Platz. Jede Andeutung von Disharmonie wird vermieden. Da darf kein Wölkchen unser persönliches Glück trüben. So schlucken wir Ärger, Wut und berechtigte Empörung lieber herunter, als uns zu streiten.

Viele opfern ihre eigene Persönlichkeit auf dem Altar der Harmonie. Sie werden anpassungsfähige Menschen, die ausgenutzt und verachtet werden. »Nur keinen Streit!« – das ist ihre oberste Lebensdevise. Kein Preis scheint dafür zu hoch zu sein.

Oberflächlich betrachtet scheint diese Einstellung gar nicht schlecht zu sein. Meist sind diese Menschen beliebt, weil der Umgang mit ihnen so einfach ist. Sucht man aber Profil oder Eigeninitiative bei ihnen, wird man enttäuscht. Da sie nie gelernt haben zu streiten, können sie sich als Persönlichkeit nicht weiterentwickeln und bleiben oft in kindlichen Lebensmustern verhaftet. Soziale Kompetenz haben sie meist nicht.

In Beziehungen unterwerfen sie sich in der Regel einem Tyrannen, der keine Grenzen akzeptiert. Das gilt für Familienbeziehungen, für Freundschaften und auch für berufliche Beziehungen. Für diese vordergründige Harmonie zahlen sie fast immer einen hohen Preis in Form von psychosomatischen Krankheiten. Man weiß heute: Wer sich nicht streiten und auseinander setzen kann, wird sehr oft krank, weil er den Ärger immer nur in sich hineinfrisst. Man hat dann z. B. ein »kleines Magengeschwür«, eine »friedliche Migräne«, eine »nette Depression«, manche sind nur noch »ein Nervenbündel«, sie ziehen sich immer mehr zurück, und viele haben körperliche Beschwerden, ohne dass die Ärzte etwas finden können. Mit viel Glück, einem klugen Arzt und etwas Ehrlichkeit kann man in einer psychosomatischen Klinik den Beschwerden auf den Grund kommen. Manchmal ist das endlich der Beginn einer entscheidenden Lebensveränderung. Zumindest ist an diesem Punkt die Chance dazu sehr groß. Traurigerweise ist die Angst vor der Veränderung manchmal größer als der Druck der großen und kleinen Leiden. So beginnt dann für die Betroffenen ein Teufelskreis von Klinikaufenthalten, Arztbesuchen, guten Vorsätzen, Resignation, Schuldgefühlen, Ohnmachtserlebnissen usw.

Wut zu verstecken kann gefährlich sein. Wir bezahlen unter Umständen dafür mit unserer Gesundheit.

Dritte Strategie: Die Wut herauslassen

Es gibt allerdings auch temperamentvolle Frauen, die nie alles schlucken würden. Ihr Lebensmotto heißt: »Ein Gewitter reinigt die Atmosphäre! Wut muss raus!«

Und so leben sie mit einem Höchstmaß an Emotionen und wundern sich manchmal, dass niemand sie mehr so richtig ernst nimmt und wertschätzt. Für ihre Umgebung sind sie eine unberechenbare Zeitbombe, bei der man nie genau weiß, wann sie losgeht. Für sie selbst ist es oft peinlich, vorschnelle Entscheidungen, die aus einer Situation der Wut und des Ärgers heraus getroffen wurden, zurückzunehmen. Oder sie machen sich selbst das Leben schwer, weil sie versuchen, ihre Entscheidungen auf jeden Fall durchzuziehen, koste es, was es wolle.

Gerade im Zusammenleben mit Kindern passiert

es uns oft, dass wir im Zorn völlig überzogene Strafen androhen, die wir gar nicht einhalten können. Als Folge davon nehmen uns die Kinder nicht mehr ernst und verweigern uns den Gehorsam. Das wird uns frustrieren und noch mehr ärgern. So beginnt ein weiterer unfruchtbarer Kreislauf.

Die daraus entstehende Frustration kann dazu führen, dass wir uns immer mehr ärgern, zu nörgeln anfangen, über alles und jedes schimpfen und alle anderen – Ehepartner, Kinder, Eltern, Chef, Arbeitskollegen, Regierung und besonders auch Gott – für unsere Situation verantwortlich machen. Nörgelei bestimmt dann unser Leben.

Der weise König Salomo redet in seinen Sprüchen davon, dass eine zänkische, nörglerische Frau so attraktiv ist wie ein löchriges Dach, wenn es regnet (Sprüche 19,13b). Unbeherrschte Menschen, die ständig ihre Wut herauslassen, werden einsam, man bespöttelt sie und nimmt sie nicht ernst. Sie fühlen sich dann oft unverstanden und abgelehnt und haben zudem, wie man heute weiß, ein sehr hohes Herzinfarktrisiko. In ihnen breitet sich oft eine große Bitterkeit aus, weil sie unentwegt Ablehnung erfahren.

Besonders im Familienleben sind ausgelebte Wutanfälle enorm zerstörerisch. Kindern machen unkontrollierte Gefühlsausbrüche von Erwachsenen große Angst. Gleichzeitig lernen sie am Modell ihrer Eltern, wie sie selbst mit Wut umgehen können.

Emotionen sind ansteckend. Sie sehen das, wenn Sie einen Säugling anlächeln – er lächelt zurück. Dieser Reiz bleibt ein Leben lang erhalten. Das können Sie selbst nachprüfen, trauen Sie sich!

Wenn das Familienklima – sei es zwischen den Ehepartnern oder zwischen Eltern und Kindern – von Wut und Ärger geprägt ist, werden diese Emotionen auf die Kinder übertragen und bestimmen deren Lebensgefühl. Kinder haben dann oft große Schwierigkeiten, in normalen Lebensbezügen wie Kindergarten oder Schule klarzukommen. Sie werden meist selbst aggressiv und die Eltern ärgern sich zunehmend wegen der Beschwerden, die sie sich deshalb anhören müssen. Sie werden noch ärgerlicher über ihr vermeintlich so schwieriges Kind, und ein neuer destruktiver Kreislauf beginnt.

Vierte Strategie: Die Wut an Schwächeren auslassen

Eine besondere Spielart, die Wut auszuleben ist die, sie an Schwächeren auszulassen. Da hat man sich über seinen Chef geärgert, wagt nicht, gegen ihn aufzumucken und schnauzt dann den Lehrling an oder sonst jemanden, der in der Hierarchie unter einem steht. Wut hat immer mit Beziehung zu tun und wird auf die eine oder andere Weise auch in Beziehungen herausgelassen.

Ein anderes Beispiel: Eine Frau ärgert sich den

ganzen Tag mit den Kindern herum und wenn der Mann die Haustür öffnet, bekommt er ihren Ärger ab: »Es sind doch schließlich auch seine Kinder!«

Die eigene Wut auszuleben kann zum Kontrollverlust führen und verraten, wie unsicher man eigentlich ist. Dass jemand seine Wut herauslässt, heißt noch lange nicht, dass derjenige selbstsicher ist.

Ich kenne einige Leute, die eher impulsiv sind – auch beim Ausleben ihrer Wut. Hinterher entschuldigen sie sich meist sofort. Und oft sagen sie gleich dazu: »Ich bin nun mal so, du musst mich so nehmen, wie ich bin.« Mit ihrem Wutanfall haben sie jedoch andere verletzt, gekränkt und nichts Positives bewirkt. Darüber hinaus fühlt man sich sehr missachtet und wenig wertgeschätzt, wenn sich jemand nicht einmal die Mühe macht, selbstverständliche Umgangsformen zu beachten. So entstehen neue negative Gefühle.

Wut, die ich an anderen auslasse, verletzt und kränkt und ist deshalb fehl am Platz.

Fünfte Strategie: Rache

Eine weitere destruktive Möglichkeit, mit der Wut umzugehen, ist die Rache: Man merkt sich jede Kränkung, die einem jemand zugefügt hat, und kann sie in Sekundenschnelle wieder hervorholen.

Die meisten von uns haben heute kleine

Plastikkarten, so genannte »Payback-Karten«, die bei einem Einkauf über den Scanner gezogen werden, um Bonuspunkte zu verbuchen. Genauso verfahren viele, wenn man sie verletzt oder kränkt. Sie haben ein inneres Speichersystem, das alles aufzeichnet, um es eines Tages wieder aufzurechnen. Ich finde es wirklich erstaunlich, wie viel Speicherkapazität unsere verletzte Seele hat.

- Da werden in einem Streit längst vergangene Taten wieder ausgegraben und dem anderen vorgehalten.
- Da wird nach einer passenden Gelegenheit gesucht, um endlich den verletzenden Schlag landen zu können.
- Da werden Pläne geschmiedet, wie man es dem anderen endlich heimzahlen kann.
- Da gibt man sich Rachefantasien hin, bis man so damit beschäftigt ist, dass kein Platz für anderes mehr bleibt.
- Da werden die Erinnerungen an erlittenes Unrecht über Jahre gehegt und gepflegt, sodass sie das ganze Denken ausfüllen.

Wenn sich schließlich eine Gelegenheit bietet, es dem anderen heimzuzahlen, wird diese gnadenlos ausgenutzt. Dann lasse ich mein Gegenüber spüren, wie haushoch ich überlegen bin – endlich bin ich am Hebel der Macht. Noch besser fühle ich mich, wenn ich dabei Verbündete habe, und die suche ich mir.

Es gibt leider viele Familien, in denen die Kinder als Unterstützung gegen den Partner missbraucht werden. Die Mutter verbündet sich mit einem oder mehreren Kindern gegen den Vater, »weil der ja doch nur schimpft«. Der Vater kommt dann immer mehr ins Abseits, bis er unter Umständen ganz aus der Familie draußen ist (umgekehrt gibt es das auch). In vielen Ehen ist die Wut aufeinander irgendwann so weit gediehen, dass nur noch der blanke Hass regiert, und oft ist dem einen beinahe jedes Mittel recht, um den anderen fertig zu machen.

- Kinder werden als Waffe und als Druckmittel missbraucht.
- Autos oder andere Wertgegenstände werden beschädigt.
- Man versucht dem anderen beruflichen Schaden zuzufügen.
- Familie und Freunde werden gegen den anderen aufgehetzt usw.

Ein sehr anschauliches Beispiel dafür ist der Film »Der Rosenkrieg«.

Selbst wenn es zur Scheidung kommt, gehen die Racheakte unter Umständen auch danach weiter, und oft ist der Schaden für alle Beteiligten irreparabel, ganz besonders für die Kinder, die überhaupt nichts dafür können. So sind die Kinder zum Beispiel weiterhin gezwungen, in das Klagelied der Mutter gegen den bösen Vater einzustimmen. Das bringt sie in große Konflikte, denn es ist ihr Vater, den sie lieben. Sie selbst sind ja genetisch ein Teil des Vaters. Oft müssen sie sich Vorwürfe wie: »Werde ja nicht wie der!« anhören und stehen unter ständiger Beobachtung. Das vergiftet ihr Leben.

Am Arbeitsplatz werden Kollegen und Kolleginnen fertig gemacht, Untergebene angebrüllt, Chefs hintergangen usw. Mobbing hat in der Arbeitswelt inzwischen so weit um sich gegriffen, dass große wirtschaftliche Schäden entstehen.

Rache als Mittel, um mit der eigenen Wut fertig zu werden, hinterlässt eine Spur der Zerstörung. Sie ist auf jeden Fall ein Irrweg.

Sechste Strategie: Hilflosigkeit

Es gibt eine Form, mit der Wut umzugehen und dabei scheinbar alle Sympathiepunkte zu behalten. Das ist die Hilflosigkeit.

Auf den ersten Blick erscheint es wenig wahrscheinlich, dass hinter Hilflosigkeit Wut und Zorn stecken könnten. Aber verweigern Sie doch einmal den so sanft erzwungenen Gehorsam. Da können Sie spüren, wie viel geballte Aggression oft hinter der Maske des ach so schwachen Menschen steckt.

Durch keinen anderen Mechanismus kann man so viel Macht ausüben und auch noch bei anderen Schuldgefühle hervorrufen wie durch Hilflosigkeit. Man nutzt seine Umwelt, seinen Partner, seine Kinder, seine Eltern, seine Arbeitskollegen aus und braucht selbst nichts zu tun. Man ist einfach zu schwach!

Man vermeidet jede Konfrontation, denn niemand traut sich, sie einem zuzumuten. Verletzt einmal jemand diese Spielregel, na dann wird man eben krank und leidend und schon wird man geschont. »Tränen sind Wasserkraft«, sagt der Psychotherapeut Alfred Adler, und wir alle wissen, was damit gemeint ist.

Niemand liebt solche hilflosen, tyrannischen Menschen, aber jeder fühlt sich ihnen verpflichtet. Diese Menschen spüren natürlich die innere Abwehr und versuchen deshalb, die anderen nur noch enger an sich zu ketten. Oft beginnt so ein destruktiver Kreislauf von Hass und Schuldgefühlen, der eine Beziehung letztendlich zerstört.

Als Hilflosigkeit getarnte Wut ist zerstörerisch und tyrannisch. Sie macht alle Beteiligten unglücklich und führt nie zum Ziel.

Alle diese Strategien verfehlen das Ziel. Sie hinterlassen in unserem Inneren einen faden Geschmack und das ungute Gefühl, versagt zu haben. Auch über scheinbar gelungene Rachefeldzüge können wir uns nur ganz kurzfristig freuen.

Wenn jemand alle Fotos seiner großen Liebe, die ihn so enttäuscht hat, zerreißt, bleibt ihm doch die Erinnerung und holt ihn immer wieder ein. Oder: Wutanfall hin oder her, man muss der ungeliebten, schwierigen Nachbarin doch wieder begegnen, wenn man vor die Haustür tritt. Warum regen wir uns dann überhaupt noch auf? Warum gelingt es uns nicht, cool und locker zu bleiben?

Das Gefühl der Wut will uns in erster Linie zeigen, dass etwas in Unordnung ist. Da ist etwas, das wir als unangenehm empfinden. Etwas stört uns so sehr, dass wir »aus der Haut fahren« könnten. Da werden unsere Lebensgeister geweckt. Da sind wir plötzlich mit allen Sinnen beteiligt.

Leider ist es uns oft nicht klar, worin diese Wutgefühle ihren Ursprung haben.

Scheinbar gibt es immer einen Grund außerhalb von uns, der unsere Gefühle in Wallung bringt. Wir bedenken selten, dass viel Ärger bei uns hausgemacht ist. Das heißt, auf Grund unserer Persönlichkeit und unseres Wertesystems ärgern wir uns über ganz bestimmte Dinge mehr oder weniger. Da wir aber unser eigenes Gefühl meist gleich als negativ bewerten, verpassen wir die Chance, die richtigen Fragen zu stellen.

Was wären denn die richtigen Fragen, die uns helfen können, aus Wut Mut zu machen? Die richtigen Fragen sind immer Beziehungsfragen, denn wir alle haben in unserem Leben drei wichtige Beziehungsebenen:

- Wir alle haben eine Beziehung zu uns selbst.
- Wir alle haben eine Beziehung zu unseren Mitmenschen.
- Wir alle haben eine Beziehung zu Gott.

Jedes unserer Gefühle hat mit mindestens einer dieser Beziehungen zu tun. Das gilt auch für die

Wut. Die Chance auf Veränderung liegt immer bei uns selbst. Schon allein unsere Sprache macht das deutlich: *»Ich* ärgere *mich!«* Ärger ist also etwas, das ich tun oder auch lassen kann.

Deshalb ist die erste hilfreiche Frage: »Was passiert da gerade mit mir?«

Drei Beziehungsebenen

Erste Beziehungsebene: Wie sieht meine Beziehung zu mir selbst aus?

Die eigene Wahrnehmung

Da wir oft über viele Jahre gelernt haben, Ärger hinunterzuschlucken, merken wir meist gar nicht mehr, wie viel Ärger und Wut sich im Lauf eines Tages bei uns ansammelt. Dann kommt uns manchmal ein kleiner Anlass gerade recht, um uns abzureagieren – der berühmte Tropfen, der das Fass zum Überlaufen bringt.

Wir haben den kleinen, in uns aufkeimenden Ärger bis dahin gar nicht wahrgenommen.

Deshalb ist es zuerst einmal wichtig, die Selbstwahrnehmung zu schulen:

- Wer bin ich?
- Was denke ich über mich selbst?
- Welche Dinge mag ich und was verabscheue ich?
- Was geht mir auf Grund meiner Persönlichkeit leicht von der Hand?
- Wo muss ich mich zwingen, etwas auszuhalten?
- Nach welchen Werten richte ich mein Leben aus?

In den vielen Anforderungen des Lebens glauben wir, immer gut funktionieren zu müssen, und wissen meist nicht, was das von uns fordert. Wut entsteht manchmal aus der Situation, dass

- ich mich mit meinen Aufgaben überfordert fühle,
- ich an meine persönlichen Grenzen stoße,
- ich andere Erwartungen und Wünsche habe,
- ich mit mir selbst unzufrieden bin.

Viel Veranlassung zu Wut und Ärger ist also schon in uns vorhanden, ohne dass wir es uns eingestehen. Das gilt es zu entdecken. Hilfreich sind dabei Gespräche mit ehrlichen Freunden. Meist sind wir ziemlich »betriebsblind«, wenn es um uns selbst geht, und brauchen deshalb Anstöße von außen, die uns herausfordern.

Gerade über die Dinge, die uns ärgern, wenn wir sie hören, lohnt es sich am meisten nachzudenken.

Wie erkennen wir die kleinen Ärgernisse des Alltags? Indem wir Bilanz ziehen:

- Wie sehen meine Erwartungen aus?
- Wo habe ich Enttäuschungen erlebt?
- Wo habe ich resigniert?
- Was frustriert mich?
- Wovor habe ich Angst? Usw.

Wenn wir diese Dinge bewusst wahrnehmen, haben wir bereits einen wichtigen Schritt in Richtung Mut getan. Jetzt können wir uns sozusagen entscheiden, ob wir wütend werden wollen oder auch nicht. Das klingt plötzlich gar nicht mehr so, als wären wir unseren Gefühlen hilflos ausgeliefert, sondern eher nach aktiver Lebensgestaltung.

»Nicht die Dinge (und Ereignisse) selbst, sondern die Meinungen von den Dingen beunruhigen die Menschen«, schreibt der Stoiker Epiktet schon im ersten Jahrhundert in seinem Handbuch der Moral. Also:

- Was denke ich über die Situation?
- Welche Bedeutung gebe ich ihr?
- Welche Erwartungen habe ich?

Was ich denke ist verantwortlich für das, was ich dann fühle. *Gedanken bestimmen Gefühle!* – Nicht umgekehrt!

Wir führen immer einen inneren Dialog, den niemand außer uns selbst kennt und den niemand außer uns selbst verändern kann. Diesen inneren Dialogen müssen wir auf die Spur kommen. Erst wenn wir sie uns bewusst machen, erkennen wir, ob sie hilfreich oder hinderlich für unser Leben sind. Wo wir sie als wenig hilfreich erleben, müssen wir neue Dialoge einüben, wenn wir weiterkommen wollen. Wie könnte das z. B. ganz konkret aussehen?

Ich stehe im Supermarkt an der Kasse. Sie kennen das sicher. Es ist ziemlich voll und ich habe es eilig. Jetzt gibt es auch noch eine unvorhergesehene Verzögerung, z. B. die Papierrolle an der Kasse muss gewechselt werden, und ich denke sofort: »Immer passiert das mir! Muss gerade ich die langsamste Kassiererin erwischen? Warum habe ich mich nicht daneben angestellt? Und warum müssen die älteren Leute, die immer Zeit haben, ausgerechnet jetzt einkaufen gehen, wenn es doch sowieso schon voll ist?« usw. Ich merke, wie ich ungeduldig und wütend werde. Wenn ich dann endlich dran bin, reagiere ich unter Umständen unwirsch auf die Kassiererin. Die inneren Dialoge, die ich geführt habe, waren wenig hilfreich.

An der Situation ändere ich nichts, egal ob ich mich ärgere oder nicht, aber an meinem Wohlbefinden ändere ich durchaus etwas. War ich zuerst nur in Eile und unter Druck, so bin ich jetzt zusätzlich frustriert und wütend, und unter Umständen läuft es den Rest des Tages so weiter.

Ich habe gelernt und lerne noch zu sagen: »Ja, die Situation ist ärgerlich! Ändere ich etwas, wenn ich mich ärgere? Will ich mich jetzt wirklich darüber ärgern?«

Wie kann man eine Wartezeit sinnvoll überbrücken? Wie kann man gelassen bleiben? Eine Wartezeit von 15 Minuten oder einer halben Stunde ist und bleibt eine Wartezeit, ob ich mich nun ärgere oder ob ich ruhig bleibe. Auch die unangenehme, ungewollte und ärgerliche Wartezeit ist Ihre persönliche Lebenszeit, Zeit, die einfach vergeht. Wie könnte man diese Zeit nutzen? Ein paar Beispiele:

- Etwas in Gedanken planen: das nächste Mittagessen, den Besuch von Freunden, den nächsten Urlaub usw.

- Nachdenken: über das Buch, das man neulich gelesen hat, über den Film, den man vor kurzem gesehen hat, über einen Vortrag oder eine Predigt, an die man sich noch erinnert.
- Ein Lächeln verschenken: an das Kind, das hinter einem im Einkaufswagen sitzt, oder an eine Leidensgenossin, die auch ansteht.
- Sich erinnern: an den letzten Urlaub und all die schönen Erfahrungen, die man da gemacht hat.
- »Heimliche« Gymnastik machen (Muskelanspannung) – so tut man etwas für die eigene Gesundheit.

Wenn Sie darüber nachdenken, fallen Ihnen mit Sicherheit noch andere Dinge ein.

Es gibt viel mehr Möglichkeiten, als Sie glauben, Wartezeiten sinnvoll zu nutzen.

Wenn Sie wirklich eine souveräne Persönlichkeit werden wollen, dann versuchen Sie, Ihren eigenen inneren Dialogen auf die Spur zu kommen. König Salomo, den ich weiter oben schon einmal erwähnte, schreibt in seinen Sprüchen: »Mehr als alles andere achte auf deine Gedanken, denn sie bestimmen dein Leben.« (Sprüche 4,23)

Und im Talmud, dem Buch des frühen Judentums, steht die Weisheit:

»Achte auf deine Gedanken, denn sie werden deine Worte.

Achte auf deine Worte, denn sie werden deine Taten.

Achte auf deine Taten, denn sie werden deine Gewohnheiten.

Achte auf deine Gewohnheiten, denn sie werden dein Charakter.

Achte auf deinen Charakter, denn er wird dein Schicksal.«

So haben Gedanken Einfluss auf unser ganzes Leben und besonders auf die Gefühle, die uns vermeintlich unkontrollierbar überfallen. In unseren Gedanken hadern wir mit uns und unserem Schicksal oder wir sind stolz und glücklich über das Leben, das wir führen.

Wenn wir mit uns selbst unzufrieden sind, kann uns die kleinste Kritik von außen wütend machen. Wenn wir uns als Persönlichkeit mit all unseren Stärken und Schwächen akzeptieren, können wir prüfen, ob wir uns ändern müssen oder nicht, und uns dann souverän entscheiden.

Für unsere inneren Dialoge sind wir ganz allein zuständig. Wir haben sie uns im Lauf unseres Lebens angeeignet und es gab oder gibt sicher auch gute Gründe für sie. Aber die inneren Dialoge, die unser Leben erschweren, weil sie uns daran hindern, unsere Persönlichkeit zu entwickeln, kann man verändern. Dazu gehört in erster Linie eine bewusste Entscheidung zur Veränderung und dann sehr viel Übung. Es beginnt die Veränderung der Beziehung zu uns selbst.

Nach diesem ersten Schritt fällt uns auf, dass uns nicht das so wütend macht, was uns widerfährt, sondern die Tatsache, dass unsere Überzeugungen, Wünsche und Traumbilder dadurch angekratzt, in Frage gestellt oder gar zerstört werden. Das ist es, was uns in Wirklichkeit ärgert.

Wir müssen lernen, uns mit unseren Stärken und Grenzen, d. h. so wie wir sind, zu akzeptieren. Das gilt auch für unser bisheriges Leben. Wir müssen lernen, es mit all seinen Brüchen so anzunehmen, wie es war und ist. Hinterfragen Sie einmal Ihre Wut unter diesem Aspekt. Vielleicht will sie Ihnen zeigen: »Du bist nicht in Beziehung mit dir selbst!«

Sollten Sie eher in der Beziehung zu bestimmten Menschen immer wieder wütend und ärgerlich werden, dann können Sie sich folgende Fragen stellen:

- Wie sehen meine inneren Dialoge über diesen Menschen aus?
- Was denke ich über die Beziehung, die wir miteinander haben?
- Warum hat dieser Mensch so viel Macht über mich, dass er meine Gefühle bestimmt?
- Was sind meine persönlichen Gründe, dass ich die Auseinandersetzung mit ihm vermeide?
- Welchen Preis zahle ich dafür?
- Wie lange werde ich das noch durchhalten?

Das wären Fragen der Beziehung zu meinen Nächsten. Wenn die Frage der Beziehung zu mir selbst geklärt ist, muss auch immer die Frage meiner Beziehungsfähigkeit geklärt werden. Dazu gehört unbedingt die Fähigkeit der Auseinandersetzung. Denn jeder Mensch ist ein Einzelwesen. Auch im Zusammenleben mit anderen ist es wichtig, den Einzelnen als Individuum zu sehen. Das heißt, dass ich mich mit anderen Denkweisen, Lebenszielen, Wertvorstellungen usw. auseinander setzen muss, wenn ein gutes Zusammenleben gelingen soll.

Zweite Beziehungsebene: Wie sieht meine Beziehung zu anderen aus?

Auseinandersetzung

In allen Beziehungen, besonders aber in den schwierigen, muss zur Veränderung des eigenen inneren Dialogs immer auch der Dialog mit dem anderen kommen.

Wir nennen das Auseinandersetzung.

Oft schlucken wir unseren Ärger nur deshalb hinunter, weil wir Angst vor der Auseinandersetzung haben. Aber in allen zwischenmenschlichen Beziehungen, in Partnerschaften und Ehen, bei Eltern und Kindern, bei Schwiegereltern und anderen Verwandten, mit dem Chef und den Arbeitskollegen, ist ein wirklich gutes Miteinander nur zu haben, wenn man sich auseinander setzen kann.

Es ist ein sehr bildhaftes Wort, das uns so viel

Angst macht. Sich auseinandersetzen heißt: Abstand gewinnen. Durch Abstand bekomme ich eine neue Perspektive. Im Abstand muss ich für mich selbst stehen. Ich muss dann auch die Einsamkeit aushalten, die bei mir entsteht. Ich muss noch wissen, wer ich bin, wenn niemand mehr an meiner Seite steht.

Diese Überlegungen hindern uns, in eine Auseinandersetzung zu gehen. Wir wollen so gerne an unserer Perspektive festhalten, und wir sind uns unsrer Meinung plötzlich nicht mehr sicher, wenn niemand sie teilt oder wenn sie kritisch hinterfragt wird. Außerdem befürchten wir, dass unser Gegenüber mit einem Angriff reagieren wird, wenn wir den Versuch einer Auseinandersetzung wagen.

Auseinandersetzung und Streit haben bei uns einen negativen Klang. Ich denke, unsere Vorstellungen sind da geprägt von den Bildern des Mittelalters:

Wenn fremde Ritter auf die Burg zuritten, versuchte man die Farben und Wappen der Schilde zu erkennen, damit man wusste: »Freund oder Feind«. Sah man, dass die Ankommenden »nichts Gutes im Schilde führten«, zog der Ritter gut gerüstet zum Streit. Er ließ sich bei Gefahr »in Harnisch bringen«, d. h., er panzerte sich so gut es ging, um sich vor Verletzungen zu schützen. Er »legte sich ins Zeug«. Er ließ nichts mehr an sich herankommen. Er »klappte das Visier herunter«, um nur noch den Gegner »im Visier« zu haben. Er setzte sich aufs

»hohe Ross«, um seine Stärke zu demonstrieren. Er nahm die »Streitaxt«, um den Gegner zu besiegen. Es ging um alles oder nichts. Und wehe, wenn er vom »hohen Ross« herunterfiel und dem tödlichen Lanzenstich des Gegners hilflos ausgeliefert war. Da war es wichtig, dass jemand ihm »unter die Arme griff« und ihn wegzog, dass er »nicht im Stich« gelassen wurde. Um in Frieden und Freundschaft miteinander zu leben, musste »die Lanze gebrochen« werden.

Merken Sie, wie unsere Sprache durchsetzt ist von Begriffen, die mit der kriegerischen Auseinandersetzung des Mittelalters zu tun haben? So sieht dann auch unser Streitverhalten aus:

Wenn wir streiten, unterstellen wir, dass der andere »Böses im Schilde führt«. Dann bringt uns unser Gegenüber so »in Harnisch«, dass wir gar nicht anders können als zurückschlagen. Dabei legen wir uns mit all unserem Können schwer »ins Zeug«. Und weil wir davon überzeugt sind, Recht zu haben, setzen wir uns aufs »hohe Ross«. Natürlich haben wir den Gegner »im Visier«, was gleichzeitig bedeutet, dass unser eigenes Blickfeld stark eingeschränkt ist. Wir sehen nur noch unseren Gegner.

Unsere Argumente hacken wie eine »Streitaxt« unbarmherzig auf den anderen ein, um ihn zu besiegen. Und wehe unseren Freunden oder Familienangehörigen, wenn sie uns nicht »unter die Arme greifen«, sobald es für uns eng wird! Da fühlen wir uns schnell »im Stich gelassen«.

Streit und Auseinandersetzung – ein kriegerisches Geschäft. Das ist normalerweise unsere Vorstellung. Ein Streiten, das kompetente Persönlichkeiten schafft, können wir uns kaum vorstellen. Wir wissen oft auch nicht, wie richtiges, konstruktives Streiten aussehen könnte. Positive Vorbilder sind in diesem Bereich nicht viele zu finden. So wursteln wir uns irgendwie durch, und in vielen Fällen versuchen wir einfach, der Auseinandersetzung zu entgehen.

Viele sehen in der Vermeidung einer offenen Auseinandersetzung die beste Weise, mit anderen klarzukommen. Leider stoßen wir mit einer solchen Lebensphilosophie sehr schnell an unsere Grenzen. Durch die Verärgerung und Wut, die in uns aufsteigt, spüren wir oft ganz genau, wo wir in die Auseinandersetzung gehen müssten.

Wenn wir wütend werden, ist die Energie da, die wir brauchen, um etwas zu verändern. Wut will uns lehren, mutig zu werden und die Veränderung zu suchen. Damit die Auseinandersetzung gelingen kann, muss die eigene Kommunikationsfähigkeit weiterentwickelt werden. Auch das ist ein Schritt vorwärts.

Natürlich reden wir über das Problem, das wir mit Mann, Tochter, Mutter, Schwiegermutter, Nachbarin, Freundin usw. haben – aber mit *anderen* Leuten.

Es hilft jedoch keinem Menschen, wenn man *über* ihn redet, anstatt *mit* ihm zu reden, und es löst das Problem nicht, das uns belastet.

Konflikte haben die Eigenschaft, mit der Zeit zu wachsen, wenn man sie vor sich herschiebt. Unsere geheime Hoffnung, dass wir das Problem aussitzen könnten, erfüllt sich leider nie. Auch unsere Ängste werden nicht geringer, sondern immer größer. Je früher wir also einen Konflikt ansprechen, desto größer sind die Chancen auf Veränderung und desto geringer die Ängste. Ganz ohne Angst wird es wohl nie gehen, aber wenn wir vorbereitet sind, hält sie sich in Grenzen. Wie kann ich mich auf eine notwendige Auseinandersetzung vorbereiten?

1. Ich überprüfe meine eigenen Motive.

- Will ich meinen Willen durchsetzen oder leide ich darunter, dass mein Gegenüber meine Grenzen verletzt?
- Hat es etwas mit meiner persönlichen Geschichte zu tun, dass ich in Wut gerate, oder mit dem konkreten Verhalten des anderen?
- Erlebe ich ohnmächtige Wut, die mich an frühere Menschen und Situationen erinnert, oder kränkt der andere mich gezielt und bewusst?
- Will ich die Auseinandersetzung, weil sie »notwendig« ist (also die Not wendet) oder weil ich dem anderen einmal so richtig die Meinung sagen will?

Auseinandersetzungen sind nur dann konstruktiv, wenn ich meine Motive überprüft habe.

2. Ich bin grundsätzlich erst einmal bereit, mein Gegenüber anzuhören.

Glauben Sie ja nicht, dass das so einfach wäre. Wir sind meist so mit uns selbst beschäftigt, dass schon eine kleine Bemerkung, die wir hören, eine Gedankenkette bei uns auslöst. So sind wir gar nicht mehr in der Lage, weiter zuzuhören.

Wir sind sofort damit beschäftigt, uns Antworten und Argumente auszudenken, statt »ganz Ohr« zu sein. Oder unsere inneren Dialoge beginnen in unserem Kopf zu kreisen: »Wie redet die denn mit mir? Was bildet die sich ein? Das habe ich doch gar nicht gesagt! Der ist aber auch zu doof, der kapiert ja gar nichts! Ich sehe die Sache sowieso viel klarer! Immer diese Skeptiker!« und noch vieles andere mehr. Wenn wir unseren inneren Dialogen nachgehen, können wir nicht gleichzeitig einen Dialog mit unserem Gesprächspartner führen. Aber bei unseren Gesprächen ist es uns meist viel wichtiger, verstanden zu werden, als zu verstehen. Wir wünschen uns Zuhörer, aber wir wollen keine Zuhörer sein.

Ich bin überzeugt davon, dass wir sinnvoller und positiver um wirklich wichtige Dinge streiten würden, wenn wir einander zuhören würden. Natürlich weiß ich, dass das gegen den Trend der Zeit geht. Schauen Sie nur einmal kurz in eines der vielen Fernsehprogramme. Reporter fragen, warten aber gar nicht auf Antwort, sondern reden gleich weiter oder blättern desinteressiert in ihrem Konzept. Politiker antworten grundsätzlich nicht auf gestellte Fragen, sondern spulen ihre politischen Schlagworte ab usw.

In Beziehungen zwischen Menschen, die sich schon lange kennen, finden wir das gleiche Muster. Die Ehefrau verdreht die Augen, wenn er anfängt zu reden. »Da kommt ja doch immer nur dasselbe«, sagt sie, »das kenne ich alles schon!« Und auch er weiß bereits im Voraus, was sie vorbringen wird.

»Die schon wieder«, stöhnen die Kolleginnen, wenn eine andere mit ihrem Lieblingsthema von der »guten alten Zeit« anfängt, und alle schalten innerlich ab.

Wir sind alle so mit unserem eigenen Reden beschäftigt, dass wir keine Zeit haben, auch noch zuzuhören. So sind Missverständnisse und Streit vorprogrammiert.

Zuhören heißt, beim anderen zu sein und nicht bei mir und meiner Argumentation.

In der Bibel steht der weise Satz: »Seid immer sofort bereit, jemandem zuzuhören; aber überlegt genau, bevor ihr selbst redet.« (Jakobus 1,19) Wir alle haben nur einen Mund, aber zwei Ohren. Trotzdem gebrauchen wir den Mund mit Sicherheit doppelt so oft wie die Ohren.

Nur durch Zuhören können wir erfahren, wer unser Gegenüber ist. Wir stecken nicht in seiner Haut, wir haben nicht die gleichen Erfahrungen. Wir glauben, andere Menschen zu kennen, und haben sie doch oft nur in eine unserer Schubladen gesteckt.

Menschen, über die wir uns ärgern, sagen uns etwas über uns selbst:

- über unsere Fähigkeit zur Liebe,
- über unsere Geduld,
- über unsere empfindlichen Stellen,
- über unsere Unvollkommenheit.

Wenn wir souveräne Persönlichkeiten werden wollen, sollten wir uns mutig der Auseinandersetzung mit solchen Menschen stellen. Diese Herausforderung wird uns weiterbringen, denn nur wer seine Grenzen kennt, ist wirklich frei.

Erst beim Zuhören erfahren wir, ob der andere uns mit seinen Bemerkungen oder seinem Verhalten wirklich angreifen oder ärgern wollte oder ob sein Verhalten nicht eher Ausdruck seiner Persönlichkeit ist. Wenn wir offen, d. h. zugewandt, zuhören, sind wir wie ein Spiegel, in dem der andere seine Worte und sein Verhalten überprüfen kann.

Indem wir zuhören, zeigen wir unsere Wertschätzung. Ein Gegenüber, das sich grundsätzlich wertgeschätzt fühlt, wird mir in einer Auseinandersetzung anders begegnen als jemand, der meine Verachtung spürt.

Vielleicht ist die Scheidungsrate in der heutigen Zeit deshalb so hoch, weil sich die Partner nicht mehr wertschätzen können. Wenn nach der anfänglichen Verliebtheit der Alltag beginnt und die Grundzüge der Persönlichkeit durchkommen, wird die große Liebe auf eine harte Probe gestellt. Kann dann der Distanz- den Nähetyp noch aus vollem

Herzen wertschätzen? Freut sich der »Bleistiftgeradeleger« noch darüber, von dem »kreativen Sockenverteiler« im Alltag herausgefordert zu werden? Sind nicht eher Ärger und Zorn über den anderen an der Tagesordnung?

Auseinandersetzungen bestehen dann oft nur noch aus gegenseitigen Vorwürfen und Entwertungen. Man kämpft das »Ich habe aber Recht!«- oder das »Ich bin aber besser!«-Spiel, das beide verlieren werden.

Auseinandersetzungen sind nur konstruktiv, wenn ich wertschätzend zuhöre.

Ist Ihnen der andere so eine Auseinandersetzung wert? Wollen Sie Begegnung ermöglichen oder einsam auf dem Siegertreppchen stehen? Was ist für Sie wirklich wichtig? Wollen Sie die Genugtuung spüren, sich durchgesetzt zu haben, oder wollen Sie erleben, wie die Beziehung eine neue Qualität gewinnt?

Wenn Sie wirklich Begegnung wollen, dann gehen Sie einen mutigen dritten Schritt:

3. Ich bin von mir aus versöhnungsbereit.

Damit meine ich nicht eine oberflächliche billige Harmoniebereitschaft, sondern die bewusste innere Entscheidung, den anderen aus seiner Schuld mir gegenüber zu entlassen. Versöhnungsbereitschaft entsteht, wenn ich mich mit mir selbst und mit meinen eigenen Reaktionsmustern auseinander gesetzt habe.

Wenn ich nicht versöhnungsbereit bin, idealisiere ich mich und dämonisiere mein Gegenüber: »Also, an *mir* liegt das nicht, aber man kann sich doch nicht alles gefallen lassen!« – Ich bin gut, der andere ist böse.

Versöhnungsbereite Menschen sind sozial kompetente, reife Menschen. Es sind Menschen, die ihre eigenen kindlichen Reaktionsmuster überwunden haben. Sie wissen, wer sie sind und müssen sich nicht durch kindische »Wer hat Schuld«-Spiele profilieren.

Weil wir in unserem menschlichen Miteinander ständig an Grenzen stoßen – unsere eigenen Grenzen oder die der anderen –, werden wir zwangsläufig immer wieder verletzt, und auch wir verletzen. Wir sind nicht dagegen gefeit, dass uns das passiert. Wir erleiden Unrecht und wir tun Unrecht.

In der Auseinandersetzung Versöhnungsbereitschaft zu zeigen heißt nicht, Unrecht unter den Teppich zu kehren. Es heißt, dem Gegenüber die Chance der Versöhnung zu bieten, nachdem das Unrecht beim Namen genannt wurde. Versöhnungsbereitschaft ist eine Einstellung, die viel mit unseren inneren Dialogen zu tun hat. Wenn wir wütend und zornig sind, denken wir mehr an Rache als an Versöhnung. Die inneren Dialoge hören sind dann zum Beispiel so an: »Na warte, das zahle ich dir heim!«, »Dafür wirst du büßen!«, »Wenn ich könnte, würde ich dich auf den Mond schießen!« – insgesamt also ziemlich unreif. Da ähneln wir einem kleinen Kind, das gegen einen Baum tritt, weil es sich an ihm gestoßen hat.

Eine erwachsene Reaktion wäre, Schmerz, Wut und Ärger in mir bewusst wahrzunehmen und die vorhandene Energie dazu zu verwenden, mich vor weiteren Verletzungen zu schützen. Ich kann meinen Schmerz und mein Gefühl in Worte fassen. Dann rede ich aber von *mir*. So kann die eigentliche Auseinandersetzung beginnen.

4. Ich rede von mir: »Ich-Botschaften«.

Ich erkläre, wie es um mich steht. Ich spreche von mir. Haben Sie das schon einmal probiert? Es ist viel leichter zu sagen: »*Du* hast, *du* bist, *du* machst«, als zu erklären: »*Ich* fühle, *ich* erwarte, *ich* hoffe, *ich* wünsche.«

Wenn ich mich erklären muss, bin ich ganz allein auf mich angewiesen. Da entsteht ein Einsamkeitsgefühl, das für manche schwer auszuhalten ist. Deshalb suchen wir Verbündete und sei es nur mit einer Floskel: »*Man* tut, *man* macht, *man* müsste doch«, »Das macht doch *jeder*, das weiß *man* doch!« usw. Schon scheinen wir eine unsichtbare Masse hinter uns zu haben, die für uns streitet. So soll unser Gegenüber erst gar nicht auf die Idee kommen, unsere Ansicht in Frage zu stellen, denn wir haben ja die Mehrheit auf unserer Seite; d. h., wir haben Recht! Aber damit verlassen wir die Ebene des konstruktiven Streits, denn auch der andere hat viele »*man* tut«-Gründe auf seiner Seite.

Mit einer »Ich-Botschaft« muss ich konkret werden. Da reicht es nicht, Andeutungen zu machen, und da verzichte ich auf bedeutungsvolle Blicke, tiefe Seufzer, viel sagendes Kopfschütteln und was ich sonst noch an nonverbalen Ausdrucksweisen kenne. Ich werde so konkret wie möglich. Von sich selbst zu reden heißt gleichzeitig, zu wissen, dass auch der andere ein Recht auf eine eigene Meinung hat.

Ich nehme mich und den anderen ernst, wenn ich mich mit ihm auseinander setze. Ich nehme mir die Zeit, meine Argumente darzulegen, und ich gestatte meinem Gegenüber, sie in Frage zu stellen. Dadurch gewinne ich neue Erkenntnisse über mich selbst. Deshalb lohnt es sich zu lernen, über unangenehme Dinge zu sprechen. Und das ist meiner Erfahrung nach nur mit »Ich-Botschaften« möglich. Mit diesen Botschaften sage ich, wie es mir geht, ohne die Absicht, den anderen zu verletzen. Das heißt nicht, dass diese Botschaften nicht schmerzhaft sein können. Aber ich überlasse es dem anderen, wie er damit umgeht.

Wie sieht das ganz praktisch aus? Ich komme am Morgen ins Wohnzimmer und finde die unaufgeräumten Reste eines gemütlichen Fernsehabends. Da gibt es halb volle benutzte Gläser, zerkrümelte Chips, Bonbonpapier, zerknüllte Kissen sowie einen Schokoladenfleck auf dem Sofa, kurzum ein Chaos. Mein fast erwachsener Sohn hat mit seinen Freunden einen gemütlichen Abend verbracht und entgegen unserer Absprache nichts aufgeräumt. Jetzt ist er in der Schule und für mich unerreichbar.

Bei dem Anblick verschlägt es mir die Sprache. Wut und Ärger sagen mir, dass da einer deutlich über meine Grenzen gegangen ist. Wie könnten meine inneren Dialoge in diesem Augenblick aussehen? »Also, das ist ja wieder mal typisch, ich bin hier wohl nur die Putzfrau!«, »Wenn der nach Hause kommt, kann er was erleben!«, »Immer bleibt alle Arbeit an mir hängen, und keiner erkennt an, was ich tue.«

Diese Dialoge sind wenig hilfreich. »Hier muss etwas passieren!«, »Das muss Konsequenzen haben!«, »Ich bin nicht bereit, die Rolle der Putzhilfe in diesem Haushalt zu spielen.« – Das sind innere Dialoge, die mich weiterbringen. Es ergeben sich zwangsläufig strategische Fragen, nämlich: »Was kann ich jetzt tun?«, »Wie kann ich meinem Sohn verantwortliches Handeln klarmachen?«, »Wie kann ich verhindern, dass das noch mal passiert?« Das sind sinnvolle, zukunftweisende Fragen, die mit der Energie, die mir die Wut gibt, sicher zu kreativen Lösungen führen. Trotzdem muss ich mit meinem Sohn dann noch in die Auseinandersetzung gehen, egal mit welcher Laune er von der Schule kommt.

Auseinandersetzungen dürfen nicht stimmungsabhängig sein, sondern man muss sie planen und vorbereiten. In der Situation der Wut ist es fast nie möglich, eine faire Auseinandersetzung zu führen. Deshalb ist es klüger zu sagen: »Ich bin gerade so wütend, dass ich erst mal meine Gedanken sortieren muss, um richtig streiten zu können.«

Bevor ich in die Auseinandersetzung gehe, muss ich wissen und benennen können, was mich ärgert. Dazu brauche ich Zeit. Erst wenn ich weiß, wie eine gute Lösung für mich aussehen würde, bin ich in der Lage, meine »Ich-Botschaften« zu formulieren. Im Falle meines Beispiels könnte das wie folgt weitergehen: Ich sage zu meinem Sohn: »Ich muss mit dir sprechen, und zwar noch heute. Wann passt es dir?« Wenn wir dann unser Gespräch führen, könnten meine Botschaften so lauten: »Als ich heute Morgen ins Wohnzimmer kam, war ich schockiert«, »Ich ärgere mich darüber, dass du getroffene Absprachen nicht einhältst«, »Ich bin nicht bereit, diese Schweinerei zu beseitigen«, »Ich erwarte von dir, dass du spätestens bis 17 Uhr das Zimmer in den Normalzustand zurückversetzt hast!«

Jeder Satz ist klar und eindeutig. Mit »Ich-Botschaften« mache ich klar, was mich verletzt hat, und ich sage auch, wie meine Wünsche in Bezug auf die Zukunft aussehen. Wenn Sie Ihre Wünsche bisher noch nie so klar benannt haben, wird Ihr Umfeld Sie zuerst einmal ungläubig ansehen und kaum fassen können, dass Sie es ernst meinen. Das wird Sie dann einiges an Überzeugungskraft kosten. Bei einer Situation wie in meinem Beispiel müssen Sie außerdem bedenken, dass wir es hier mit einem fast Erwachsenen zu tun haben, der durchaus eine eigene Meinung vertritt.

Es gilt, auch die eigenen Kinder ernst zu nehmen und ihnen mit Versöhnungsbereitschaft und einem offenen Ohr für ihre Sichtweise zu begegnen. So können die immer wieder nötigen Auseinandersetzungen dazu führen, dass die Kinder sich trotz Kritik akzeptiert fühlen und weiter das Gespräch suchen. Solche Auseinandersetzungen, in denen wir unsere Grenzen aufzeigen, sind viel verbindender als eine erzwungene Harmonie, bei der alles unter den Teppich gekehrt wird. Wenn man benennen darf, was einem innerlich zu schaffen macht, entsteht das Gefühl, akzeptiert und angenommen zu sein, auch wenn man ganz anders fühlt und denkt als das Gegenüber.

Mit »Ich-Botschaften« signalisieren wir, dass wir uns selbst ernst nehmen. Wenn ich zu meiner Freundin sage: »Mir ist es wichtig, dass wir uns regelmäßig treffen«, dann werde ich mir auch in regelmäßigen Abständen Zeit für sie nehmen. Sie wäre sicher erstaunt, wenn ich nach so einer Aussage über einen langen Zeitraum hinweg keine Zeit für sie hätte. Mit einer »Ich-Botschaft« lege ich mich also auch fest.

Dabei kann es passieren, dass ich plötzlich feststelle, dass mein Gegenüber völlig andere Vorstellungen von unserer Beziehung hat. Meine Freundin ist vielleicht ganz zufrieden damit, wenn wir uns nur einmal im Jahr sehen oder nur ab und zu miteinander telefonieren. Vielleicht macht mich diese Einstellung zuerst einmal wütend. Aber auch meine Freundin hat das Recht auf ihre persönliche Meinung und ich habe keinen Rechtsanspruch auf die Erfüllung meiner Wünsche.

Ich habe ein Recht darauf, meine Wünsche und Bedürfnisse zu äußern, aber ich kann ihre Erfüllung durch andere nicht einklagen. Auch wenn ich mit einer »Ich-Botschaft« meine Bedürfnisse anmelde, habe ich nicht das Recht, mein Gegenüber zum Erfüllungsgehilfen zu machen. Jeder Mensch, auch mein liebster, hat das Recht, zu meinen persönlichen Lebens- und Wertvorstellungen Nein zu sagen.

Wenn unterschiedliche Interessen aufeinander treffen, müssen wir uns darüber klar sein, dass die Frage nach der Beziehung gestellt werden muss. Will ich die Beziehung und bin ich bereit, dafür etwas von meinen Wünschen zu opfern, oder gehe ich aus der Beziehung, weil ich meine Wünsche für wichtiger halte? Um das zu erkennen, braucht es viele ehrliche Auseinandersetzungen. Jede Art von Beziehung in Familie, Beruf, Freundschaft und auch in einer Gemeinde lebt von der Fähigkeit, sich auseinander setzen zu können.

Leider ist es wenigen Menschen bewusst, dass man in eine Beziehung Arbeit investieren muss. Die Spielregeln in der heutigen Zeit heißen eher: »Nimm, was du kriegen kannst!«, »Lass sein, was

dir nichts bringt!«, »Beende lieber die Beziehung, als dich von deinen Wünschen zu trennen.« So bleibt man unreif.

Klärung

Wenn wir in Beziehungen zu anderen Menschen immer wieder ärgerlich und wütend werden, heißt das, dass da irgendetwas nicht so ist, wie wir es für uns brauchen: Vielleicht unterscheiden wir uns zu sehr in unserer Persönlichkeit oder unserem Wertsystem, vielleicht konkurrieren wir miteinander, vielleicht fühlen wir uns abhängig oder unterlegen.

Es kann viele Gründe für unsere Irritation geben. Klar werden sie meistens erst in einer fairen Auseinandersetzung. Eine Auseinandersetzung führt *immer* zur Klärung, manchmal zur Trennung, aber viel öfter zu einem positiven Neuanfang. Wie kann so eine Klärung aussehen? Es gibt mehrere Möglichkeiten:

1. Wir finden einen lebbaren Kompromiss, der keinen überfordert.

Es darf kein übereilter Kompromiss sein. Viel zu oft wollen wir nur schnell aus der Spannung heraus, die eine Auseinandersetzung mit sich bringt. So entscheiden wir uns für einen Kompromiss, dessen Konsequenzen wir nicht bis zum Ende durchdacht haben.

Alle Entscheidungen, die wir treffen, haben einen

Preis. Dieser Preis muss bekannt sein. Denn die getroffene Entscheidung bestimmt das Leben, das wir führen. Ein Beispiel: Da ärgert sich Frau Ordentlich über ihre Kollegin Frau Kreativ, mit der sie ein Büro teilt. An und für sich arbeiten sie nicht schlecht zusammen, aber es gibt an bestimmten Stellen Reibungspunkte, die immer wieder zu Ärger führen. Als die Abteilung umzieht, haben beide die Möglichkeit, jeweils ein winziges Einzelbüro für sich allein zu bekommen. Das ist der Kompromiss, der von Seiten der Geschäftsleitung angeboten wird. Schon nach kurzer Zeit merkt Frau Ordentlich, dass sie es in der Einsamkeit nicht mehr aushalten kann, obwohl sie die Trennung selbst forciert hat. Sie ist sich über die Folgen nicht im Klaren gewesen.

Um einen lebbaren Kompromiss zu erreichen, muss man unter Umständen erst einmal Geduld haben.

2. Wir vertagen unseren Streit auf eine zweite und dritte Runde, bis wir uns auf einen gangbaren Weg einigen können.

3. Jeder respektiert die Sicht des anderen und es gibt keine Lösung.

Die Spannung der Unterschiedlichkeit bleibt bestehen und wir wachsen und reifen daran. Das ist übrigens ein wichtiger Weg, um in einer Partnerschaft glücklich zu werden.

4. Wir gehen getrennte Wege.

Wir leben heute in einer Zeit, in der es scheint, als gäbe es nur diese letztgenannte Lösung. Mehr und mehr Ehen und Partnerschaften scheitern. Freundschaften zerbrechen, Arbeitgeber trennen sich von »unrentablen« Mitarbeitern (wovon in erster Linie über 45-Jährige betroffen sind), Eltern verstoßen ihre Kinder und umgekehrt, man verlässt einen Verein oder eine Gemeinde, anstatt sich auf eine konstruktive Auseinandersetzung einzulassen. Leute verkaufen ihre Häuser, nur um die Nachbarn nicht mehr sehen zu müssen.

Beziehungen positiv zu leben scheint unmöglich zu sein. Auch in Filmen und Fernsehserien wird uns täglich vorgeführt, dass der Bruch und die Trennung das »Normale« sind: Warum sollte man in eine schwierige Beziehung Arbeit investieren, wenn sich die Trennung scheinbar problemlos bewältigen lässt? – Die Lebensrealität spricht da eine andere Sprache, aber das will man nicht sehen und nicht zeigen. Das ginge sonst zu Lasten der Einschaltquoten. Film- und Fernsehbilder prägen inzwischen mehr als eine Generation in dem, was sie vom Leben erwartet.

Wir beklagen die Vereinsamung der Menschen, sehen aber nicht, dass die Konfliktvermeidung auch ein Weg in die Einsamkeit ist.

Zankäpfel

Wenn wir in die Auseinandersetzung gehen, entdecken wir, ob unser Gegenüber wirklich wichtige

Dinge mit uns klären will oder ob wir uns mit einem *Zankapfel* herumschlagen.

Eine griechische Sage erzählt von Herakles, auf dessen Weg etwas lag, das wie ein Apfel aussah. Weil er es entfernen wollte, trat er darauf, aber es vergrößerte sich, dann schlug er darauf, aber je mehr er darauf trat und schlug, umso größer wurde es, bis es ihm seinen ganzen Weg versperrte. Es war der Zankapfel, der immer größer wird, wenn man ihn aufhebt, wenn man ihn aber liegen lässt, bleibt er klein und man kann über ihn hinwegsteigen.

Bei vielen Nachbarschaftsstreitigkeiten geht es nur um Kleinigkeiten wie zum Beispiel den berühmt gewordenen »Maschendrahtzaun«. Das ist nichts als ein Zankapfel, über den man einfach hinwegsteigen könnte. Über eine nicht zugedrehte Zahnpastatube kann ein Ehekrach entstehen, der zur Trennung führt. Das ist dann ein Zankapfel, der zu groß geworden ist, weil man ihn mit Gewalt beseitigen wollte. Wir können den kreativen »Sockenverteiler« nicht dauerhaft ändern, und auch der »Bleistiftgeradeleger« kann nicht wirklich aus seiner Haut. Wir können nur in Liebe Verständnis zeigen und Rücksicht nehmen.

Sozial kompetente Menschen erkennen die Zankäpfel, die man besser liegen lässt, und sie haben einen Blick dafür, wann es sich lohnt zu streiten, um sich hinterher besser zu verstehen.

Das hört sich nicht einfach an und es fordert

tatsächlich einiges von uns: Zuerst müssen wir auf jeden Fall unsere eigenen Gefühle wahrnehmen, und dann müssen wir uns auf uns selbst und unseren Nächsten einlassen. Das heißt, dass wir gezielt und kontrolliert denken und handeln müssen.

Wenn wir wütend sind, haben wir genau die Kraft, die wir dazu brauchen. Wut gibt uns jede Menge Energie. Das ist ein tolles Startkapital, das wir nutzen sollten. Aber sie muss auf ein Ziel gerichtet werden, denn sonst besteht die Gefahr, dass sie in Aggression umschlägt. Aggression ist eine zerstörerische Kraft und wir sind deshalb gut beraten, uns von ihr zu distanzieren.

Ausgelebte Aggression ist *immer* destruktiv und nie hilfreich. Das gilt für Beziehungen in Familien und Freundschaften genauso wie für Staaten. Auch unkontrollierte Wutausbrüche führen meist zu Aggressionen, deshalb sollten wir sie vermeiden.

Warum gelingt uns das manchmal so wenig? Warum handeln wir oft so unüberlegt? Ich glaube, es ergeht uns so, weil uns im Alltag oft wenig bewusst ist, dass es jemanden gibt, der uns durch und durch kennt, versteht und liebt. Damit bin ich bei der letzten Beziehungsebene.

Dritte Beziehungsebene: Wie sieht meine Beziehung zu Gott aus?

Wut und Zorn in der Bibel

Gott kennt uns, er liebt uns und er versteht uns.

Ich bin immer wieder erstaunt, wie präzise in der Bibel Menschen beschrieben werden, die die gleichen Bedürfnisse und Gefühle haben wie wir. Da wird von der blindwütigen Raserei erzählt, die König Saul erfasste, mit allen negativen Konsequenzen. Da gibt es die Geschichte vom Neid, der bei Kain und Abel zur Aggression wurde. Da warnt Paulus die Väter davor, ihre Kinder zum Zorn zu reizen. Da wird die ohnmächtige Wut von Jona geschildert, als er sah, dass Gott Ninive verschonte, obwohl es den Untergang verdient gehabt hätte. Da gibt der Prediger den klugen Rat, nicht gleich vor einem zornigen Mächtigen zu fliehen. Da wird berichtet, wie wütend David über einen Mann wurde, von dem der Prophet Nathan ihm erzählte, und wie er dabei sein eigenes unverantwortliches Handeln völlig übersah.

Es gibt noch mehr von diesen Geschichten und viele hilfreiche Strategien, um mit den eigenen Gefühlen von Wut und Zorn umzugehen.

Ich habe die Geschichte einer Frau gefunden, die vordergründig gar nichts mit Wut und Ärger zu tun hat. Trotzdem glaube ich, dass wir von dieser Frau viel über den Umgang mit unseren Gefühlen lernen können.

Martha und Jesus

Es ist die Geschichte von Martha. Wir kennen sie meist nur im Doppelpack mit ihrer Schwester Maria. (Ihr Bruder Lazarus spielt erst einmal eine Nebenrolle.)

Jesus, der auf dem Weg nach Jerusalem war, wurde von ihnen aufgenommen. Sie scheinen sehr aktive, interessierte Frauen gewesen zu sein. Jesus besuchte sie mit seinem Anhang von mindestens zwölf Freunden (wahrscheinlich waren es viel mehr, die mit ihm kamen). Die sprichwörtliche Gastfreundschaft, das gemeinsame Essen, diese schöne Sitte des Orients, war selbstverständlich die Aufgabe der Frauen. Also stürzte sich Martha in die Arbeit – und wie! Sie können sich das sicher vorstellen. Nach kurzer Zeit merkte Martha, dass sie allein arbeitete. Ihre Schwester blieb gegen jede Sitte bei den Männern sitzen und hörte zu. Sie tat keinen Handschlag.

Wie finden Sie das? Was für Gefühle kommen da bei Ihnen hoch, wenn Sie das hören? Wenn ich Martha gewesen wäre, hätte ich mich auf jeden Fall ziemlich geärgert. Eine unmögliche Situation: bedeutender Besuch, den ich mir auch noch selbst eingeladen habe, und ich hetze und schaffe ganz allein!

»Mein Fräulein Schwester hat wohl den Verstand verloren! Sie lässt mich hier rennen und arbeiten und setzt sich ganz gemütlich zu den Männern. Was soll das überhaupt bedeuten? So etwas tut man doch nicht! Hat sie denn gar keinen Anstand? Ich bin hier offenbar nur die Dumme, die für alle das Dienstmädchen machen muss!« Merken Sie, wie die inneren Dialoge Wut und Ärger fördern?

In den vier Versen des Lukasevangeliums (Kapitel 10,38–42) wird uns nichts über Marthas Gefühle berichtet, aber wir erfahren, was sie tat. Unser Verhalten hat immer einen inneren Beweggrund, eine Motivation. Deshalb sagen Kommunikationspsychologen, dass man bei dem, was man sagt, immer auch von sich selbst spricht. Wir offenbaren immer etwas von uns selbst, egal worüber wir uns äußern. Deshalb möchte ich das, was Martha hier sagt, einmal näher betrachten:

1. Sie sagt: »Herr!«

Das heißt, sie spricht jemanden konkret an. Ich finde es interessant, dass sie nicht ihre Schwester anspricht und ihr Vorwürfe macht. Sie wendet sich quasi an eine höhere Stelle, eine Autorität, jemanden, der weiß, was richtig und was falsch ist. Sie gibt ihr Anliegen in die Hände eines anderen, von dem sie Unterstützung und Hilfe erwartet.

Ich weiß nicht, was Jesus für Martha bis dahin war: ein bekannter Wanderprediger, ein Prophet Gottes, ein interessanter Redner? Auf jeden Fall war sie es, die Jesus in ihr Haus aufnahm. Warum wissen wir nicht. Wir wissen nur, dass alles plötzlich ganz anders lief, als Martha es bis dahin gewöhnt war. Dieser Mann hatte etwas an sich, das ihre Schwester so faszinierte, dass sie ihre Pflichten vergaß.

Ich denke, Martha war eine kluge und interessierte Frau. Sie bemerkte sofort: »Dieser Jesus ist eine Autorität. Wenn der mich unterstützt, dann weiß jeder, dass ich im Recht bin.« Aber Martha war auch eine mutige Frau. Sie blieb nicht bei ihren negativen Gedanken und Gefühlen stehen. Sie wollte etwas ändern. Sie wollte raus aus ihrem Ärger. Also sprach sie Jesus an, um seine Unterstützung zu erhalten und Abhilfe zu schaffen.

Ich weiß nicht, wer Jesus für Sie heute ist. Ein guter Mensch, der ein soziales Vorbild sein soll? Eine geschichtliche Gestalt, deren Lehre längst überholt ist?

Eine Märchenfigur aus Ihrer Kindheit? Ein passender Nothelfer, wenn es Ihnen einmal schlecht geht? Eine kulturelle Figur für Weihnachten und andere Familienfeste? Jemand, zu dem Sie einmal in Beziehung getreten sind, der aber heute aus Ihrem Alltag verschwunden ist? Wie auch immer, er kennt Sie.

Ich finde Marthas Mut erstaunlich, wie sie Jesus herausfordert.

2. Sie sagt: »Herr, siehst du denn nicht!«

Sie fühlt sich nicht wahrgenommen, aber sie

will gesehen werden. Sie fordert Jesus auf, sie anzusehen. Sie macht ihm indirekt sogar den Vorwurf, dass er sie und ihre Bedürfnisse nicht im Blick hat. Darf man das? Dürfen wir so mit Jesus reden? Ist das angemessen? Martha stellt sich diese Frage gar nicht. Sie will, dass Jesus seinen Blick auf sie richtet. Sie stellt *ihn* in Frage und nicht sich selbst.

Haben Sie so schon einmal mit Jesus gesprochen? Haben Sie ihn aufgefordert, Sie anzusehen und wahrzunehmen, wenn Sie sich wieder so richtig ärgern? Dazu möchte ich Sie gern ermutigen. Sprechen Sie Jesus an – vorwurfsvoll oder leise, ganz egal, nur sprechen Sie ihn an.

Martha spricht ihr Problem offen und konkret an. Von ihr kommen nicht einfach so in den Raum geworfene leidende Blicke oder Seufzer, und sie macht auch keine Andeutungen. Sie spricht ganz konkret an, was sie ärgert.

3. Sie sagt: »Herr siehst du denn nicht, dass meine Schwester mir gar nicht hilft? Sie überlässt mir die ganze Arbeit.«

Was heißt das? »Ich fühle mich allein gelassen und ausgenutzt«, »Herr, siehst du denn nicht, was ich alles tun muss?«, »Ich bin überarbeitet und am Ende meiner Kräfte.« »Ich tue doch das, was richtig ist. Warum bin ich dann dabei allein?«, »Ich mache mir die größte Mühe und niemand nimmt das wahr.« Martha ist sehr konkret.

Wann haben Sie das letzte Mal so konkret mit

Jesus gesprochen? Haben Sie ihm einmal all die Gründe für Ihren Ärger genannt? Martha macht aus ihren inneren Dialogen einen Dialog mit Jesus. Das ist, wie die Geschichte weiter zeigen wird, ein wichtiger Schritt zur Lösung ihres Problems.

Wenn Sie immer wieder in Ihrem Ärger stecken bleiben, dann machen Sie doch einmal aus Ihren inneren Dialogen einen Dialog mit Jesus. Wenn Sie Angst vor der notwendigen Auseinandersetzung mit einem anderen Menschen haben, dann führen Sie einmal ein Zwiegespräch über diesen Menschen mit Jesus.

Martha tut das.

4. Sie sagt: »Herr, siehst du denn nicht, dass meine Schwester mir gar nicht hilft? Sie überlässt mir die ganze Arbeit. Kannst du ihr nicht sagen, dass auch sie etwas tun soll?«

Martha meidet die Auseinandersetzung mit ihrer Schwester und möchte, dass Jesus das für sie erledigt. Kennen Sie diesen Wunsch, dass jemand anders die schwierigen Gespräche für Sie erledigen soll oder dass sie sich doch bitte bald von selbst erledigen? Ein verständlicher Wunsch, aber er hindert uns daran, soziale Kompetenz zu erwerben.

Wir können in unserem Leben den schwierigen Menschen und Dingen nicht aus dem Weg gehen. Wenn wir erwarten, dass andere unsere Probleme lösen, verhalten wir uns wie Kleinkinder, die zwar gerne eigene Wege gehen, aber von ihren Eltern

erwarten, dass sie die Hindernisse wegräumen, wenn es schwierig wird. Kluge Eltern werden das übrigens nicht tun, sondern den Kindern Hilfe zur Selbsthilfe geben. Viele von uns haben das in ihrem Leben nicht erfahren und sind dadurch zu Konfliktvermeidern geworden, mit all den aufgezeigten negativen Konsequenzen.

Aber das muss nicht so bleiben. Solange wir leben ist nichts endgültig. Wir können dazulernen, wenn wir wollen. Veränderungen sind für uns Herausforderungen. Da sie uns aber erst einmal Angst machen, suchen wir lieber jemand, der die unangenehmen Dinge für uns erledigen könnte. Wo erwarten Sie von Gott, dass er die Probleme löst, an denen Sie eigentlich reifen sollen?

Martha fordert Jesus heraus. Ich weiß nicht, welche Antwort sie erwartet hat. Jesus antwortet ihr. Er antwortet immer, wenn wir ihn herausfordern, ihm Vorwürfe machen, ihm unser Leid klagen oder ihn ganz einfach um etwas bitten.

Was er antwortet, ist für Martha sicherlich eine Überraschung.

5. Er sagt: »Martha, Martha.«

Er spricht sie mit ihrem Namen an, um ihr zu zeigen: »Ich kenne dich! Du bist mir wichtig! Ich habe dich gehört!« Indem er das tut, wendet er sich ihr ganz zu. In diesem besonderen Moment stehen sich Martha und Jesus Auge in Auge gegenüber. Es herrscht gespannte Erwartung, wahrscheinlich auch bei den Umstehenden. Die doppelte Namensnennung zeigt: »Was jetzt kommt, hat Bedeutung. Martha, du bist angesprochen.«

Daran hat sich bis heute nichts geändert. Wenn wir bei Jesus anfragen, erhalten wir immer eine ganz persönliche Antwort von ihm. Wir wissen dann genau, dass wir gemeint sind. Aber manchmal ist die Antwort nicht so, wie wir sie uns vorgestellt haben.

6. Er sagt: »Martha, Martha, du machst dir viele Sorgen und mühst dich um Dinge, die im Grunde nicht so wichtig sind.«

Damit stellt Jesus klar: »Ja, ich kenne deine Sorgen. Ich sehe, wie viel Arbeit du hast. Ich verstehe, dass du dich ärgerst. Es ist mir alles bekannt.« Aber er stellt auch gleichzeitig das in Frage, was für Martha so wichtig ist. Sie hat sich um all das Äußere gekümmert und ist damit so beschäftigt gewesen, dass sie andere Dinge vergessen hat. Die Prioritäten sind für Martha bis dahin immer klar gewesen, und sie bestimmten Marthas innere Dialoge. Jesus hinterfragt nun diese Prioritäten, indem er diese Dinge als weniger wichtig bezeichnet. Das stellt Marthas bisheriges Denken auf den Kopf. Das ist eine »Zu-Mutung« – Martha braucht Mut, um sich darauf einzulassen. Ein ganz neues Denken ist da gefragt, das zu ganz neuen inneren Dialogen führen wird.

Vielleicht hören wir die Antworten Jesu so selten in unserem Leben, weil wir sie als Zumutung empfinden und nicht hören wollen. Wir sind meist so in unserem Denken verhaftet und hängen so an unseren inneren Dialogen, dass uns der Blick für das wirklich Wichtige verloren geht. Gerade in Situationen von Wut und Ärger ist unser Blick getrübt. Das wird schon durch unsere Sprache deutlich. Wir »sehen rot«, wenn wir wütend sind, oder wir sind »blind vor Wut«. Ein ungetrübter, realistischer Blick ist nicht mehr möglich. Da braucht es einen Anstoß von außen, damit wir wieder klar sehen können.

Wenn wir mit unserer Wut zu Jesus kommen, macht er unser blockiertes Denken wieder frei. Wenn wir auf ihn hören, werden sich plötzlich ganz neue Perspektiven auftun.

Auch Martha erhält von Jesus die Möglichkeit einer neuen Perspektive.

7. Er sagt: »Martha, Martha, du machst dir viele Sorgen und mühst dich um Dinge, die im Grunde nicht so wichtig sind. Wichtig ist nur eins! Das hat Maria verstanden und davon werde ich sie nicht abbringen.«

Das ist für Martha mit Sicherheit eine Zumutung. Nicht nur, dass Jesus ihr Denken in Frage stellt, nein, er sagt ihr auch noch, dass sie begriffsstutziger ist als ihre Schwester. Jesus weigert sich, der Erfüllungsgehilfe für Marthas Wünsche zu sein. Er sagt ihr: »Wenn du in deinem Denken bleibst, wirst du das Wesentliche nicht sehen.« Er lenkt damit ihren Blick auf einen neuen Horizont.

Er eröffnet ihr die Möglichkeit, neu zu wählen

zwischen dem, was sie bisher für wichtig hielt, und dem, was ihre Schwester für wichtig hält. Er zwingt sie nicht, die neuen Prioritäten ihrer Schwester zu übernehmen, sondern er öffnet ihren Blick für etwas Neues. Was Maria auf Anhieb gesehen und gespürt hat, zeigt Jesus nun in aller Liebe der Martha. Er kanzelt sie nicht ab und er macht ihr keine Vorwürfe. Er holt sie bei ihrem Ärger ab.

Er zeigt ihr, dass sie von ihm geliebt und angenommen ist, ganz allein deshalb, weil sie sie ist, und nicht, weil sie so viel tut und schafft. Sie darf ihren Ärger bei ihm abladen und zur Ruhe kommen, wenn sie es will. Es ist und bleibt ganz allein ihre Entscheidung, ob sie sich auf einen Perspektivenwechsel einlassen will oder nicht.

Neue Perspektiven

Auch das hat sich bis heute nicht geändert. Jesus bietet uns den Perspektivenwechsel an. Die Entscheidung, uns darauf einzulassen liegt bei uns.

Aber wenn wir unsere Wut in Mut verwandeln wollen, ist ein Umdenken gefragt.

Wir dürfen unseren Ärger, unsere Wut, unseren Zorn bei Jesus abladen. Er hinterfragt unsere inneren Dialoge und er fordert uns auf, in den Dialog mit unserem Nächsten zu gehen.

Ich glaube, Martha hat ihre Wut genutzt, um etwas für sich zu erreichen. Sie ist mutige Schritte gegangen und hat dabei Neues erfahren. Wir wissen nicht, wie die Geschichte weiterging, wie Martha sich hier entschieden hat und ob Maria aufgestanden ist und geholfen hat. Durch eine andere Geschichte erfahren wir aber, dass Martha sich letzten Endes auf diese neue Sicht eingelassen hat (Johannes 11,17–27).

Ich persönlich mache immer wieder die Erfahrung, dass ich meine Wut und meinen Ärger am besten mit Jesus besprechen kann. Ich muss nicht gleich in die Auseinandersetzung gehen, sondern habe die Möglichkeit, im Gespräch mit ihm Abstand und Klarheit zu gewinnen. Oft schon hat er mir den Blick in eine Richtung geöffnet, auf die ich selbst nie gekommen wäre.

Er zeigt mir immer wieder meine destruktiven inneren Dialoge auf, damit ich entscheiden kann, ob ich an ihnen festhalten möchte. Weil er mir Antworten auf meine Lebensfragen gegeben hat, kann ich Verantwortung für mich übernehmen. Er macht mir Mut, mich Konflikten zu stellen und gibt mir den klaren Blick, Zankäpfel zu erkennen und dann locker darüber hinwegzugehen. Weil er sich zu mir gestellt hat, kann ich mich der Auseinandersetzung stellen.

Für mich ist Jesus der ideale »Wutabladeplatz«. Wenn ich meinen Ärger und meinen Zorn mit ihm besprochen habe, sehe ich oft viel klarer, wo ich in die Auseinandersetzung gehen muss und wo ich mich vielleicht ganz umsonst ärgere und aufrege. Manchmal ist das, was mir im Gespräch mit Jesus klar wird, für mich eine Zumutung, aber dann weiß ich auch, dass ich ihn um die Kraft bitten kann, meine Wut in Mut zu verwandeln. Das ist nicht immer einfach. Aber etwas wirklich Neues werde ich nur erfahren, wenn ich etwas tue, was ich bisher noch nicht konnte. Dabei werde ich noch keine Routine haben und sicher auch Fehler machen. Aber es wird ein Schritt vorwärts sein, hin zu einer souveränen Persönlichkeit.

Schon vor Jahrhunderten beteten englische Pilger ein viel zitiertes Gebet, das alles umschließt, was wir brauchen, um unsere Wut und unseren Ärger zu verwandeln und damit optimal zu nutzen.

Gott
schenke uns Gelassenheit,
das hinzunehmen, was wir nicht ändern können.

Gott
schenke uns Mut,
das zu ändern, was wir ändern können.

Gott
schenke uns Weisheit,
das eine vom anderen zu unterscheiden.

Wenn Sie so beten, werden Sie auch Ihre Wut in Mut verwandeln – in den Mut,

- sich selbst ganz neu zu begegnen,
- dem Nächsten neu zu begegnen,
- Gott zu begegnen.